句集

冬木の桜

青柳志解樹

角川書店

句集・冬木の桜

目次

装丁●ベター・デイズ
装画●大久保裕文

句集

冬木の桜

Ⅰ　二〇一〇年

五十四句

念力の刻一刻と牡丹の芽

金鳳花咲かなくなりし畦歩む

桶に水満たし田螺の泥吐かす

渓流の向かうに赤き椿あり

風に磨がれて鋭きは楓の芽

初蝶に逢ふか逢へぬか箱根山

星たちの言葉ちりばめたる冬木

北狐物をくはへて振向きぬ

観音の道木苺の花のみち
山茱萸の今日は曇りし花ならむ

指先に風まとひつく菊根分

風よりも乾きし音や花馬酔木

朝の日に透けたる衣は蛇のもの
夕顔の花に届かぬ灯がひとつ

九輪草牛の水場の華やぎぬ

風信子（ふうしんし）とはなつかしき名の一つ

天上を打ちふるはせて桜散る

撫肩の男が通る桃の花

道のべに錨(いかり)を下ろす錨草

金髪も銀髪もあり翁草(おきなぐさ)

ことごとく罌粟は坊主となりにけり

閉ぢし瞳に青葉の闇の重なり来

遊行柳へいちまいの青田風

秋燕飛翔の技を競ひあふ

穂芒や祭終りし風の村

夕暮の鵙は尾を振るばかりなり

野ざらしや鵙の忘れし鵙の贄

月光をひらりと交し一葉落つ

落鮎に川瀬激することもなく

茸狩茸も雨に濡れそぼち

あきらかに袖を分かちし流れ星

わが胸の奥に青空鰯雲

雲に情燕去りたる峡の空

蛇の衣懸けてつややか藪からし

秋の薔薇修道院は弥撒の刻
秋茄子となるべき花をつけてをり

蓑虫は泣かざり泣くは秋の風

草の絮飛ぶ自衛隊演習地

落霜紅梁山泊といふ廃家
岩礁にじやれつく秋の波がしら

雁わたし首立ててゆく海を見に
断崖の松に月夜の波伏せる

海を恋ふ島の金銀芒かな

花わらびあそびごころを失はず

隈笹に落葉松の散る音かそか
眠らんと山つぶやきを繰り返し

藪柑子稚なごころの実が二つ

枯菊を焚き一日の終りけり

冬の竹伐り揃へある村社

本屋出て薬屋に寄る十二月

万葉の小径を照らす石蕗の花

人の身に裏表ある寒さかな

穂すすきに稲荷の狐祓はるる

かまきりの横顔を射す夕日かな

Ⅱ　二〇一一年

五十九句

竹の幹叩けば冬の声発す

手のひらに納まつてゐる寒卵

にぎやかに咲いてみせたり返り花

村人の一人も居らず風花す

枯草の日のあるうちは安らげる

酌み交す炭窯に火を入れてより

藪巻のさながらにして老ゆるなり

夕霧忌時雨明かりに人を待つ

大根抜くとき大根に力あり

座禅草いちにち暗き山を負ひ

村人の暮らしの声や迎春花
菫踏みつけにして野をさまよへる

牧場の道草木瓜の花の道
しばらくを跳ねまはりたる春の駒

たんぽぽを鋤き込んでゆく耕耘機

その中に白きもありて桜草

東日本大震災　三句

春の闇いよいよ深き災禍の地

乳牛のまなこ空ろに春くらし

春さむく生き残りたる犬ふるへ
耕して墓のさくらを見て帰る

畑打つてきてこぼしけり花の屑

わが前に落ちて坐りぬ紅椿

壺さがす椿一花を挿すために

八十八夜水奔り去る村の中

水明かり胡桃は紐の花を垂れ

葉桜へ公民館の灯の洩るる

老眼に間合ほどよき桐の花

夏めくやゆつたりとして牛の胴

涼しさや声がはりせし四十雀

石になりすまして河鹿鳴きはじむ

鼻面に白一筋や当歳馬

夕空は鬱と重たき桐の花

意気旺んなり老人と羽抜鶏

泉飲む両膝を突き両手突き

忍び鳴く鳥の声なり大暑かな

ぱくぱくと鯉の口より梅雨明くる

「虹」五周年を祝し

咲きのぼるスイートピーは虹の花

満月の夜やぼうたんの散るならむ

紫陽花に隠れてしまひ水子佛

藪虱とかげの腹がひくひくす

しろじろとして明け易き村の道

盆過ぎの村威銃鳴るばかり

蔓引けば躍り出でたる葛の花

山国の胸を開きし鰯雲

茨の実刺を鋭くして光る

草の実のつぶやき合へる山日和

秋風を聞き分けてゐる牛の耳

秋風裡昔恋せし人通る

信濃への峠は三つ秋晴るる

雁渡る秩父音頭の山を越え

しぐるるや蒟蒻掘りの老人に

花のこす刈り取られたるそば畑

山頂を慕ひてのぼる朝の霧

堂々と老いて冬木の桜かな

世の中は隙間ばかりぞみそさざい

杣人の背中見てゐる冬椿

自転車に枯野の光あつまれり

冬蝶の翅あたたむる石の上

忍び入る星もありけり山枯れて

Ⅲ　二〇一二年

四十二句

ふるさとの星空仰ぐ二日かな

田遊びや神主氏子みな老いて

菰を被て愛は哀なり冬牡丹

白樺の老いたる肌へ冬日射す

葦枯れて隣の村へ風が吹く

牧水の旅の道なり落葉踏む

雪割草雪に埋もれてしまひけり

幼な子の指先にある花はこべ

蛇笏忌の鎌で払ひし草の露

つながれし小犬が揺らす花八ッ手

雪女二度と姿を現さず

沈丁の香りを離れ煙草吸ふ

午後の日は節分草に寄り添ひぬ

まだ寒き風を背中に野蒜掘る

たんぽぽは踏まるる花として咲ける
薔薇の中薔薇に傷つきたる思ひ

更衣して脚長き女学生

夏来たる蝶に山あり海があり

朝焼や牛の片寄る放牧地

夕日がつつむ旅人と竹煮草

洗濯物乾く向日葵より高く

子供らの拾うてきたる鳥の子

雨蛙四股ふんばつて鳴きはじむ

雀さへ鳴かず炎天ひそやかに

風涼し墓石の上に手を置けば

たてがみのまだ短くて馬肥ゆる

老人のゲートボールに朝の鵙

凌霄の終の炎を燃やしをり

夏逝くや嶺を競はず八ヶ嶽

風が行くだけ盆過ぎの村の道

竹を伐る空のひかりを払ひつつ
落ちてゆく鮎なり水の光曳き

組まれたる稲架に鴉の来て止まる

月影に咲くは上臈ほととぎす

山国は空高くして紫苑咲く

裏山に小鳥来てゐる芭蕉庵

湯豆腐や京の秋風くちびるに

山茶花のよく散る日なり咲く日なり

落葉してより整ひし雑木山

竜の玉触れんとすればこぼれ落つ

これ以上枯るることなき枯芒

長老の言にしたがひ注連飾る

Ⅳ　二〇一三年

七十七句

元日や日の射してきし庭の松

わが影におどろきゐたる冬すみれ

枯れし野に一本の道ありにけり

藪柑子庭の雀に愛想よし

短日や鴉の帰る先おもふ

老人の金壺眼冬深む

浅間（あさま）山見て八ヶ（やつ）嶽見て脳天まで冷ゆる

老人が好きでなびくかねこじやらし

水引き入れて蓮根を掘りはじむ

山影のかぶさつてきし蕎麦の花

早暁の霧深ければ鳥鳴かず
やぶからし藪を枯らさず花咲けり

朴落葉踏みては今日の空仰ぐ
からまつはひそやかに散るばかりなり

冬日和里山に入る人もなく
梟よ今夜の酒は淋しいぞ

雪の夜や吉幾三の男唄

耕すや椋鳥の来て鳩の来て

芽吹風常盤の松を引きたたす

春さむしまだ鳥の恋はじまらず

妻の墓雪割一華咲く中に
谿水の勢ひづきし花きぶし

風呂敷で覆ふ鳥籠春の夜

畦焼の火を見守りて農夫老ゆ

雉子啼くや今日の前山よく晴れて

手の届くところは折られ木ぶし咲く

落葉松の芽よりこぼるる日の光

村人に声かけて行く春の川

盃にあふるる酒と春の灯と
人やさし椿一花を拾ふとき

熊蜂の搔き乱したる牡丹蕊
カメラマン一花のバラにこだはれり

この家の玄関暗し花ざくろ

石斛の花の香くらき頭上より

今日来しは衣笠草に逢はんため

苔の花小堀遠州作の庭

田舎美人と言はれしは花魁草

登り来て棲取草に膝を折る

木曾馬のたてがみに吹く青嵐

湖の風浅間風露をよろこばす

草刈るや露あるうちは刃切よし

青天やとんぼの好きな吾亦紅

萱草の一つしぼめば一つ咲く

河骨の花を見にゆく山の寺

翔びたくて翔べぬ鷺草禅林に

露さんさんと獅子独活の花ざかり

朝々の雀露けき声で鳴く

出しやばりと言はるる花や金魚草

一位の実いづめの赤子さながらに
露草は露をたよりに花開く

まだ山を離れぬ鴨に水木の実

しがみつきたる木瓜の実を引離す

栃の実を毎日拾ふ山の姥

吊花の一つ一つに山の風

となり村まで夕萱の畦伝ひ

雲に会ひ雲に別れし花野かな

曲りし腰曲りしままに茸狩
いつの世も裏方として青木の実

旅先で葉書投ずる文化の日

共に吹き共に飛ばせり草の絮

観音詣の人驚かす威銃

八ヶ嶽見よ落葉松の散るを見よ

榿山に落葉の音を聞く日かな

夜ふかしをして梟の声を聞く

どの樹にもさはりたくなる十一月

萩の枝のあそびは花を終へてより

人の背に光の欲しき秋の薔薇

梢上に鵙居て勤労感謝の日

しみじみと見ることもなき青木の実

庭の松ばかり見上げて冬に入る

霧晴るるまでは鳴かざり山の鳥
呼ぶ人も呼ばるる人も霧の中

立ち止り鳥兜には手を触れず

風吹けば道筋見ゆる花野かな

一点を見つめてをりし冬椿

婆の肌よりやはらかし干大根

落葉松の散りたる径のやはらかし

V　二〇一四年

四十二句

イギリス生まれドイツ生まれの冬の薔薇

硝子戸を登りきれずに冬の蜂

動かねば山のしかかる寒の鯉

木曾馬の白息太く山晴るる

椿とは人を見つめて咲く花か
極寒の中心にあるわが目鼻

今日も陽の恵みありけり冬菫

蕗味噌に一合の酒愛すべし

今年また山の捨田に芹を摘む

落葉掻き集めて坐る山日和

胸中の虫啓蟄に関らず

椿一花落ちる構へのまま咲けり

桜咲き呆け老人をよろこばす

いくばくの風ある枝垂桜かな

一頭づつ牛を引出す五月かな

父の日や妻無く子無く空仰ぐ

鳥の子巣より落ちたるまま育つ
鎌を研ぐこともなくなりほととぎす

秋海棠遠き記憶は遠きまま

稲の花つぎつぎ風が誘ひ出す

真直ぐな幹を選びてけら叩く

荒れはてし竹林に入り竹を伐る

さるすべり花終へてよりつやめけり

石のこゑさそひだしたる秋の風

伐り倒す竹しなやかに横たはる

野菊晴むらさきもよし白もよし

竹煮草山が涼しく見ゆる日よ

どうしても道へ出たがる花南瓜

露けきは生れしばかりの仔牛の瞳

派手に咲き派手に吹かれて柳蘭

群れ咲いて松虫草は風が好き

夕日浴び啼くこともなき鵙一羽

帚草ばかり佇ちをり月夜かな

日の当たりくれば歩めり冬の蜂

人を焼く煙であらむ冬の山

薔薇よりも光を放つ秋ダリア

生きてゐる冬の蟷螂青きまま

冬眠といふほどでなく眠りたし

村人のくらしを囲ひ山眠る

初鵙の叫ぶ力を尾にこめて

花をなほ咲かせしままに蕎麦稔る

竹伐るやふんはりと空現るる

Ⅵ　二〇一五年

五十句

盗みきし侘助壺に修まりぬ

落葉松の穂先揃へて冴返る

傾斜畑土をこぼさぬやうに鋤く

寺の門出づ春風と入れちがひ

谷間の隠れ花なり座禅草

三月や渓音山の背にひびき

日当たりてほろと崩れし春の土

桜咲く村の祭の終へてより

ぼうたんへ妻の遺せし杖を突く

牡丹散る名残一切残さずに

静かなる夕べや若葉重ね合ひ

アカシアの花の風吹く千曲川

落葉松を梳りては夏の霧
隠れ咲くまたたびの花寄り添うて

酒すこし飲みて河鹿を聴きに出づ

天竺牡丹と言ひしは昔ダリア園

石踏めば石がよろめく夏の川

はらみたる牛の見開く瞳が涼し

自動車のライト浴びしは夜鷹なり

放牧の山羊は汚れず夏盛ん

一匹の蟻老人に嚙みつきぬ

どの山も村にかぶさり梅雨に入る

声嗄るることなく夜のほととぎす

梅雨深し鳴かずに山へ帰る鳥

故郷や汗を拭きをる夢のあと

振り向きし蟷螂の眼は怒りの眼

白秋の詠みし落葉松秋に入る

紅をさすこと忘れゐし妻取草

これ以上赤くはならじ唐辛子

月が出て松茸山の松照らす

人去れば風のままなる花野かな

合併の町に馴染まず夕野分

茸狩ときに怪しきまなこして

ひと夏を鳴らぬ風鈴ぶら下げて

飛ぶは飛び残るは残り草の絮
草の実をしごけり青き空の下

蔓引くや手ざはりのよき藪からし

自衛隊演習あとの秋薊

草の花まだ東京を捨てられず

秋の雲山に裏あり表あり

とりあへず庭より摘みて菊膾
あてもなく戻つて来しや秋の蝶

秋の炉に煎じ薬の噴きこぼれ

大根引く摑みどころを確かめて

尻餅をつくこともあり大根引

寒肥を与へすぎたるかと思ふ

薬喰酒量いささか衰へし

竹一本担ぎゆくなり初時雨

石一つ抱へて去りぬ冬河原

蓮枯れて放生池の水澄めり

句集　冬木の桜　畢

あとがき

『冬木の桜』は、『里山』につぐ私の第十四句集。平成二十二年から二十七年までの六年間の作品から自選したもので、その数わずかに三百二十四句、大方は削ったことになる。

句集名は、平成二十三年作の、

堂々と老いて冬木の桜かな

より採った。私の生まれ在所には枝垂桜の巨樹老木が多く、幹はがらんどうに朽ちながら形成層だけで長年生きているものもあり、特に冬木となった姿は、思わず手を合わせたい気持ちになる。

平成二十九年一月を以て、私は米寿を迎えるが、この桜を無視することはできず、集名とした。

作品の配列は、既刊句集もそうであったが創作順とした。季節への偽らざる感興だと思うからである。

平成二十九年一月

青柳志解樹

著者略歴

青柳志解樹

あおやぎ・しげき（本名、茂樹）
昭和四年、長野県佐久穂町（旧穂積村）生まれ。中学生のころ俳句に手を染め、成人後は「寒雷」「鹿火屋」で研鑽。昭和五十四年「山暦」を創刊。現在「山暦」「植物文化の会」を主宰。平成五年第三十二回俳人協会賞、平成二十六年与謝蕪村賞（北溟社）、平成二十七年「俳句界」特別賞（文學の森社）を受賞。
句集に『杉山』『山暦』『松は松』『草行』『里山』ほか、著書に『季語深耕・花』『百花逍遥』『自然派の休日』『歳時記の花たち』『木の花草の花』『今日の花明日の花』など。

句集　冬木の桜　ふゆきのさくら

初版発行　2017（平成29）年3月25日

著　者　青柳志解樹
発行者　宍戸健司
発　行　一般財団法人 角川文化振興財団
〒102-0071　東京都千代田区富士見1-12-15
電話03-5215-7819
http://www.kadokawa-zaidan.or.jp/
発　売　株式会社 KADOKAWA
〒102-8177　東京都千代田区富士見2-13-3
電話0570-002-301（カスタマーサポート・ナビダイヤル）
受付時間　9:00 〜 17:00（土日　祝日　年末年始を除く）
http://www.kadokawa.co.jp/
印刷製本　中央精版印刷株式会社

落丁・乱丁本はご面倒でも下記KADOKAWA読者係にお送り下さい。
送料は小社負担でお取り替えいたします。古書店で購入したものについては、お取り替えできません。
電話049-259-1100（9時〜17時／土日、祝日、年末年始を除く）
〒354-0041 埼玉県入間郡三芳町藤久保550-1
 ISBN978-4-04-876442-1 C0092

角川俳句叢書　日本の俳人100

青柳志解樹
朝妻　力
有馬　朗人
安西　篤
伊丹三樹彦
伊藤　敬子
伊東　肇
井上　弘美
猪俣千代子
茨木　和生
今井千鶴子
今瀬　剛一
岩岡　中正
大石　悦子
大牧　広
大峯あきら
大山　雅由

小笠原和男
奥名　春江
落合　水尾
小原　啄葉
恩田侑布子
甲斐　遊糸
柿本　多映
加古　宗也
柏原　眠雨
加藤　憲曠
加藤　耕子
加藤瑠璃子
金箱戈止夫
金久美智子
神尾久美子
九鬼あきゑ
黒田　杏子

阪本　謙二
佐藤　麻績
塩野谷　仁
小路　紫峡
鈴木しげを
千田　一路
高橋　将夫
田島　和生
辻　恵美子
坪内　稔典
出口　善子
手塚　美佐
寺井　谷子
中嶋　秀子
名村早智子
鳴戸　奈菜
名和未知男

西村　和子
能村　研三
橋本　榮治
橋本美代子
藤木　倶子
藤本安騎生
藤本美和子
文挾夫佐恵
古田　紀一
星野　恒彦
星野麥丘人
松尾　隆信
松村　昌弘
黛　執
岬　雪夫
宮田　正和
武藤　紀子

本宮　哲郎
森田　峠
山尾　玉藻
山崎　聰
山崎ひさを
柚木　紀子
依田　明倫
若井　新一
渡辺　純枝

ほか

（五十音順・太字は既刊）